AF582428

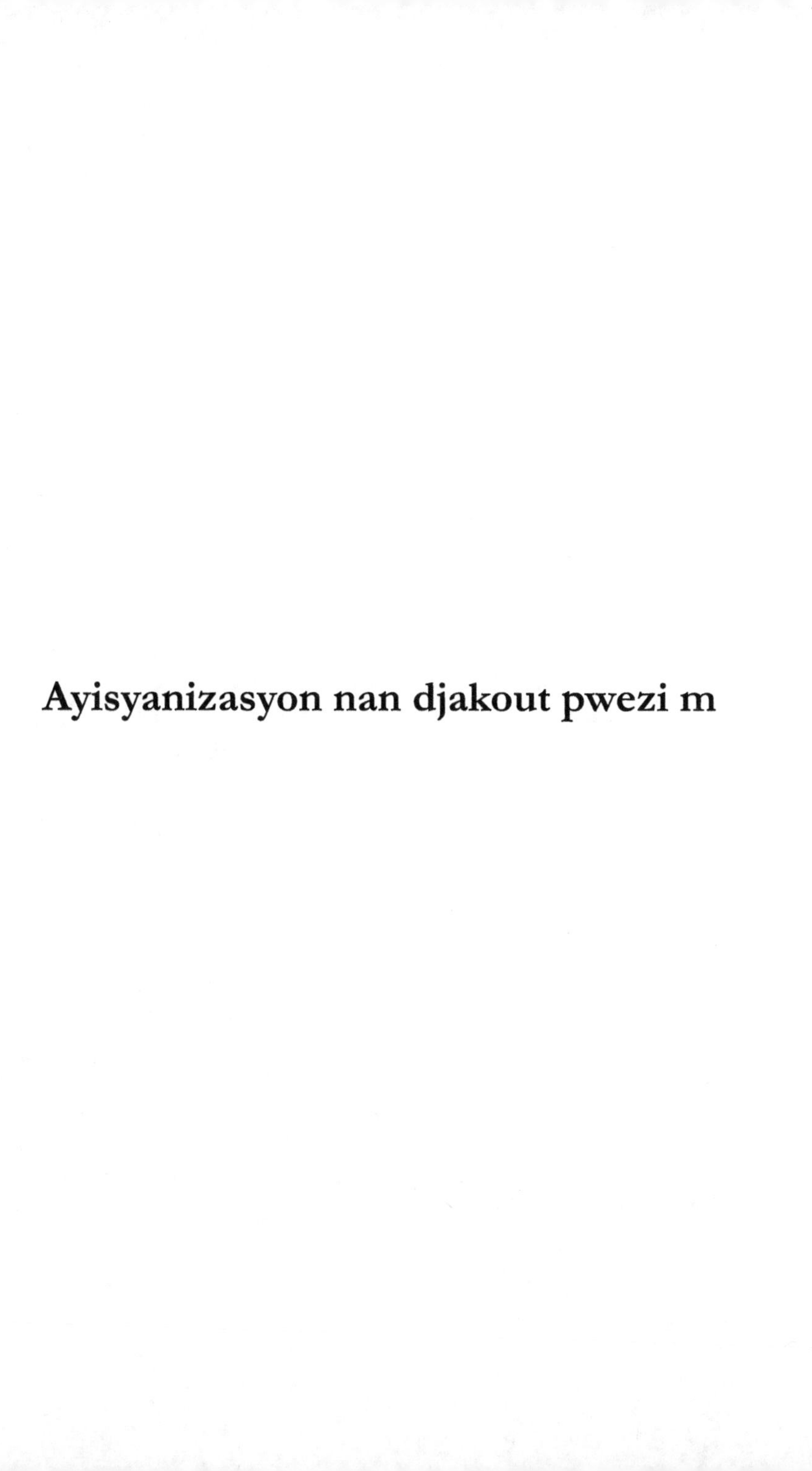

# Ayisyanizasyon nan djakout pwezi m

Charmant Fanel Taskafe

# Ayisyanizasyon nan djakout pwezi m

Varella

ISBN : 9782386170621

# Préface

Je suis CHARMANT Fanel, que l'on connaît généralement sous le nom de Taskafe, VODOUVI, écrivain, poète, enseignant, rappeur révolutionnaire et militant haïtien né un 29 novembre.

Passionné de l'écriture, j'apprends à griffonner des vers et structurer quelques textes. Parallèlement aux lettres, je suis un citoyen engagé, conscient de la réalité des ghettos et du pays .À travers mes textes et approches , je dénonce les différents maux de la société haïtienne .(discrimination, inégalités sociales surtout au niveau du secteur vodou).

En 2023, je sors «10 powèm sakre pou DYESALIN» mon premier recueil où je décris et vous fais vivre ce qu'a représenté, représente et représentera toujours l'Empereur Jean-Jacques Dessalines non seulement pour le peuple haïtien, mais le monde entier.

HAÏTIANISATION NAN DJAKOUT PWEZI M

Une succession de poésies où j›exprime de manière très imagée l'histoire d'Haïti, la culture du vodou, la femme haïtienne, la situation socio-politique de mon pays, mes constats, ma gratitude envers les Ancêtres, mes regrets et Surtout...

Mon infini amour pour HAITI

# HYMNE HAÏTIEN

Nul n'est digne d'être Haïtien, s'il n'est bon père, bon fils, bon époux, et surtout bon soldat qui est prêt à se sacrifier pour cette terre.

Un haïtien est un guerrier

Prêt à défendre la liberté

Un anti esclavagiste

Un anti colonialiste

Un anti raciste

Qui lutte pour que l'égalité de droits

Soit respectée sur cette terre

Un haïtien est une Crête à Pierrot

Un Goman un Acaau

Qui n'ont pas hésité à verser leur sang à Ravine à couleuvres

Un Bizango à Vertières sans trêves

Qui marche la tête haute

Un haïtien est un Assotòr

Le son d'un lambi au sommet du morne Kawo

Oui! nous sommes les mentors

De la libération de l'humanité

Un mapou, un acajou

Un Tchaka, une baguette au rara

Un tonm tonm au calalou

Un haïtien est un Makandal

Un Boukman, un Gadsalines

Une Claire-Heureuse, une Fatima

Une brave Sanite Bélair

Un haïtien c'est la rosée de la liberté

Qui se déhanche sur la piste du colonisateur

# JEUNESSE ENGLOUTIE

Une jeunesse sans chemin

Une jeunesse sans fin

Une jeunesse sans coup de main

Une jeunesse sans vie

Une jeunesse qui s'autodétruit

Une jeunesse sans mémoire

Une jeunesse sans vision

Une jeunesse sans espoir

Une jeunesse sans mission

Une jeunesse sans histoire

Une jeunesse sans culture

Une jeunesse dans le trou noir

Une jeunesse engloutie

Une jeunesse sans patrie

Une jeunesse exilée

Une jeunesse immigrée

Une jeunesse à l'âme perdue

Une jeunesse alcoolisée

Une jeunesse déviée

Une jeunesse « bòdègèt »

Une jeunesse coup d'état

Voici la jeunesse qu'ils ont infligée à Haïti

## PWEZI FILOZOFIK

Yon liv se yon moun
Yon nanm materyalize
La subdivision de l'arme
La pensée qui parle
À travers Ľécriture

Lè yon moun ekri yon liv
Se yon pati nan li ki detache
Pou l ale kote li paka rive
C'est la raison pour laquelle
Un écrivain est partout

Oui ! un écrivain est mortel
Mais la pensée d'un écrivain est immortelle

A chak fwa ou li yon liv
Se yon pati nan moun ki ekri a
Ki enkane nan ou menm

L'homme est une œuvre de plusieurs auteurs.

## LA FACE CACHÉE DE L'ONU

L' Onu est une organisation qui s'unit

Pour désunir les pays du tiers monde.

Il utilise les Ong comme des bombes atomiques

Pour canonner Haïti et l'Afrique.

C'est toujours par le biais de l'Onu

Que la France et les États-Unis

Planifient les coups d'états et les assassinats.

En 1994, les casques bleus étaient là

Mais n'ont pas pu empêcher la guerre civile au Rwanda

Entre les Hutus et les Tutsis.

C'est l'Onu qui a assassiné Kadhafi

Qui a supprimé le lion du Burkina Faso

Qui a exécuté le père de l'indépendance du Congo.

L'Onu l'assemblée des serpents venimeux

L'association raciste maquillée

Qui maintient la guerre et la pauvreté

Internationales pour protéger

Les droits de l'homme blanc

Qui fournit de l'aide inhumanitaire

Afin de promouvoir le sous-développement

Durable des pays pauvres.

# DIEU EST AMOUR

Dieu est amour dans le génocide des Tainos

Dieu est amour dans la guerre des religions

Qui a fait des milliers de morts en Europe

Entre les protestants et les catholiques

Dieu est amour dans l'esclavage des noirs

Enchaînés comme des animaux

Transportés comme des bêtes sauvages.

Dieu est amour sur le sang des nègres

Égorgés par des blancs chrétiens

Pendus et brûlés vifs sur le poteau de la liberté

Pour qui Dieu est-il amour

Alors que le pape est assis sur une chaise en or

Pendant que la majorité des êtres humains

Meurent de faim

Dieu est amour lorsque les américains se réunissent afin que les prêtres puissent

Bénir leurs armes dans le but d'aller massacrer

Des milliers d'innocents en Irak

Dieu est amour dans une éternelle guerre acharnée entre les israéliens

Et les palestiniens

Dieu est toujours amour lorsque les chrétiens bombardent les mosquées

Dieu reste et demeure amour dans la misère

De l'Afrique et d'Haïti

Tandis que l'occident exploite leurs richesses

Et leur fournit une bible

Pour reconnaître que dieu est amour.

# UNE LETTRE À LA FRANCE

Au nom de l'honorable et suprême Dessalines
Aujourd'hui je prends ma plume de liberté
Pour écrire une lettre ouverte
À tous les français
Qui ont reconnu le tort de leurs ancêtres
Envers tous les peuples noirs de la terre

Oui je viens leur dire à travers ma poésie
Nous le peuple haïtien leur pardonnons
Pour tous les crimes commis
Sur la terre d'Haïti
Ainsi que la dette de l'Indépendance que l'on a dû leur verser
Qu'alors qu'en nous battant nous avions gagné notre liberté
Ils doivent construire un mémorable monument
En l'honneur de Jean-Jacques Dessalines Le Grand
Dans la ville de Paris
Et que tous les français s'y prosternent
En claironnant YANVALOU YANVALOU

Au suprême Dessalines

Et aussi nommer Makandal l’une de leurs villes

# JOSEPH PIERRE SULLY

Ochan ochan pour Pierre Sully
Le premier sang du patriotisme
Qui s'est versé sur les bottes de l'impérialisme
Le premier tombeau de résistance
Qui a dit non à tous les occupants

Une âme glorieuse
Dans le royaume des Aïeux
Un passé retentissant
Dans l'univers des ascendants

Pour un soldat mourir est beau
Arpenter le boulevard des allongés
Pour défendre le drapeau
Yanvalou yanvalou pour Pierre Sully.

## IM AYISYÈN

Yon ayisyen se yon bon manman
Yon bon pitit yon bon papa
Yon ayisyen se yon bon sòlda
Ki prè pou sakrifye l Pou sòl la

Yon ayisyen se yon gèrye
Ki la pou defann libète
Yon anti esklavajis
Yon anti kolonyalis
Yon anti rasis

K ap lite pou dwa moun
Respekte kòm sadwa sou bout tè a
Yon ayisyen se yon Krèt a Pyewo
Yon san Goman ak Akawo
Ki pat pè vèse san l ravin akoulèv
Yon bizango nan Vètyè san trèv
K ap mache ak tèt li wo

Yon ayisyen se yon asòtò

Yon kout lanbi sou Mòn Kawo

Wi nou se yon mantò

Liberasyon pou limanite

Yon pye mapou yon kajou

Yon bon tchaka yon bagèt rara

Yon tonmtonm ak kalalou

Yon ayisyen se yon Makandal

Yon Boukman yon Gadsalin

Yon Klè Erez yon Fatima

Yon san Brav Sanit Belè

Yon ayisyen se yon lawouze libète

K ap taye Banda sou fèy kolonizatè.

# DESALINYÈN NWA E WOUJ

Pou drapo sila te kreye

Se yon kokenn fanm brav

Ak gason tokay ki te kanpe

Manchèt nan men zam nan men

Yap kriye libète

Yo pa pè pou san yo vèse

Pou nwa ak wouj te ka flote

Dyesalin ap kriye ann avan

Nou pa dwe bat ba devan blan

Gason kou fanm kanpe djougan

Pou yo batay ak tout nanm

Pou drapo n

Kise koulè po n

Te ka flote byen wo

Nou pat pè vèse san krèt a Pyewo

Nan ravin akoulèv

Kadav djougan fè fimye

Pou boujonnen libète

Nou sèmante nou pap fè trèv

Toutan nwa ak wouj pa flote

Sou tèt palmis Ayizan Sakre

Pou drapo sila te kreye

Dyesalin di lavi ou lanmò

Anri Kristòf Brav Gede

Di lap fè sote vil la an sann

E sou sann nan nap batay ankò

Kapwa Lamò ki papè lanmò

Di ann avan ann avan

Boulèt kanno yo se pousyè

Ann al rache dwa n nan men fransè

18 novanm nou fè Vètyè

Anpil konbatan al nan simityè

Nou fè wochanmbo tounen pousyè

Metwopòl ranpe kòm vèdetè

1804 nou sòti venkè

Se yon onè ak fyète ki dwe makonnen

Chak lè 20 me rive

Pou bikolò n flote byen wo

Papè pote l sou do

Paske li se nanm libète

Pèsòn pa gen dwa pase l anba pye

Pou rezon sa nou gen dwa tiye.

## MAKANDAL

Makandal makadam rebelyon
Ki simante pote liberasyon
Sou chantye koloni sendomeng
Premye chèf mawon
Ki di non ak tanpèt kolonizasyon

Yon sakrifikatè ki fè kadav kolonizatè
Fè fimye pou plante
Bon grenn anti esklavajis
Anti rasis anti kolonyalis

Makandal yon Legba revolisyon
Premye bouji ki limen
Nan badji metwopòl fran mason
Ki fè tèt inisye cho kou vè lanp
Kou chyen ki pran nan lacho

Makandal tabak rezistans ki

Nan pip nèg mawon

Sou tèt mòn Kawo

Ki fè estene nanm Napoleyon

Eritye ras bonobo

Makandal mèt tout fèy nan bwa

Ki wonsire Boukman ak Makaya

Kou solèy dèyè mòn

Pou vin pran la relèv .

# BOUKMAN

Boukman flanbo abolisyon esklavaj
Tokay envisib istorik mawonnaj
Tanbou liberasyon dwa moun

Simityè pou tout esklavajis
Pawolye ki montre batay
Pou dwa moun respekte jis
Yon vanyan enfatigab yon Feray

Li aprann nou sa ki rele
Tout moun se moun
Pa gen moun pase moun
Li se se yon Barak imole

Yon enspiratè Brav Gede
Pou tout revolisyonè
Ki pat pè kadav li fè angrè
Pou simen nan jaden libète

# 12 PRENSIP BWA KAYIMAN

Si nou te respekte prensip

Tout moun se moun, pa gen moun pase moun

Lòt nasyon tap pran nou pou moun

Si nou te rekonèt tout moun

Gen plas yo anba syèl ble a

Nou pa tap aji tankou bèt

Anba syèl ble a

Paske twazyèm prensip la di

Si gen pou youn ap gen pou de

Sonje moun ki dèyè

Si nou te konnen katriyèm prensip la

Relijyon pèpè pa tap ka divize n

Paske chak moun gen fason pa yo pou yo lapriyè

Nou dwe respekte fason tout lapriyè

Paske tout sa nou pa konnen pi gran pase nou

Nan pwen anyen nan lavi a ki pa gen règleman

Se règleman ki bay lavi ekilib li

Si nou te mache sou prensip Bwa Kayiman

Peyi nou pa tap tonbe nan touman
Paske sizyèm prensip la di
Pa defèt ekilib lavi a san rezon
Moun ki mal deplase eleman yo
Ap rale malè sou tout moun
Paske tank nap aprann se tank nap konnen
Kouman pou nou respekte ekilib lavi a
Blan pa tap ka vinn dirije nou la ankò
Si nou te konnen nevyèm prensip Bwa Kayiman
Kise pa janm manje manje bliye
Si peyi m se sou prensip Bwa Kayiman li te kanpe
Otorite peyi m tap toujou konnen
Fè koupe fè dèyè mòn gen mòn
Pa fè san inosan koule pou jwèt
Pa lage chay nan men manfouben
Si jounen Jodia vodou a divize
Ougan ap goumen ak ougan
Se paske eritye trayi onzyèm prinsip Bwa Kayiman
Ki te di nou veye veye enmi Bwa Kayiman yo
Paske yap vini sou tout fòm
Sou tout kalite non pou yo vin tire vanjans.
Malè ak yon eritye ki bliye sa esklav fè Bwa Kayiman
Pou moun k ap sèvi bondye lòt moun nan mitan bèt

Yon eritye ki trayi sèman Bwa Kayiman

Kò li ap livre bay chen

Nanm ni ap livre nan touman etènèl.

# PRIYÈ BOUKMAN

Bondye ki fè solèy, ki klere nou anwo
Ki soulve lanmè ki fè gronde loray
Bondye lè zòt tande kache nan nyaj
E la a, li gade nou, li wè tout sa blan ap fè
Bondye blan an mande krim
E pa nou an vle byenfè
Men Dye pa nou ki si bon
Òdone nou vanjans
Li va kondwi nou li va bannou asistans
Jete pòtrè bondye blan an
Ki swaf dlo nan je nou
Ann koute libète kap chante nan kè nou.

# FATIMA

Fatima tokay cheri
Ou se solèy espwa
Lalin bonè nan fènwa
Ti souri sou lèv lavi
Ou se fanm ki brav
Kou Grann Brijit nan kav
Ou se amoni libète sou tanbou
Se lide jou a la pawòl l nan kè
Se ou ki te vwa pou reve nanm
Nan seremoni Bwa Kayiman
Wi fanm vanyan mèsi Boukman
Ki te kanpe pou kwape esklavaj
Se nan tèt ou rèn nan te desann
2 ponya kenbe nan men
Barak mare nan pye sabliye
Kòd kochon mare senti zantray
Pou vin koule san liberasyon
Pou mete pèp nwa sou yon lòt ray

Fatima ou se fanm Ogou Feray

Fanm ki konn travay

Wi fanm ki konn batay

Ou se premye manbo

Nan seremoni lavi

Ki fè tranble tout fèy mapou nan lanati

Ak vwa a nan lannwit 14 dawout

Pou te vin mete abolisyon esklavaj sou yon lòt wout

Yanvalou Yanvalou pou ou rèn Fatima

# SAKREMAN

Se nan dat 20 septanm 1758

Tout gran enèji Olowoum reyini

Pandan latè t ap tranble

Agawou Tonè t ap gwonde

Ibolele fè plas pou yon granmèt

Angolo Lwasalin fèt

Grand Rivyè Dinò, Kòmye

Se mètrès Tòya gran gèrye

Ki wonsire l nan basen Lenglensou

Lavil Okan li sakre li dogweyi

Aprè batèm dife lwa Ogou

Ponyèt goch monte Badagri

Sou chif 13 li sakre

Jeneral gran mèt libète

Lè li fin monte bila

Li desann bila

Palmis Ayizan Sakre tèt anba

Li tou antre sou dimansyon Aloumandya

Epe li a pote non Obatala

Chwal lagè l se Balendyo.

# NAN BWA KAYIMAN

Nan boule bwa kay moun

Lwasalin pat timoun

San an te vèse

Sou 33èm degre

Laj dye blan an te sakrifye

Ki senbolize chit èr krisyanis

Ki te bati sou siman esklavajis

Se te sèl Bosou 3 Kòn ki te ka pote

Angajman pou libere limanite

Li fè Badè tonbe

Li fè Sobo tonbe

Douvan Boukman ak Fatima

Ki anyo imole san Viksama

Ak manchèt Ogou Feray

Yo wenken Lwasalin sou senkyèm chakra

Ze pentad mawon ak san

Ki te mare sou setyèm chakra anperè a

Pou te jwenn pòt tèt

Pou mete nan govi

Trayi la mouri la

Pou te al tere anba mapou

Pou jouke libète nan asòtò

Tout gason djougan.

# LWASALIN

Se san ki sèvi m lank

Ti chodyè 3 pye ki sèvi m lanp

Zo Bwav Gede ki sèvi m bik

Pou m vin ekri 10 powèm sakre

Pou granmèt Dyesalin

Sou 2,3 fèy jamè bliye

Li trase vèvè libète

Sou asòtò limanite

Kòm chèf solèy chèf lalin

Si li pat la kòm potomitan

Nan lakou tout kolon

Li fè nèg nwè bat tanbou liberasyon

Sou bitasyon Napoleyon

Se anba rasin pye sabliye

Dyesalin fè antere

Tout mantalite kolonyalis

Ak tout santiman rasis

Wi Lwasalin se wòch danti

Ki woule ki aneyanti

Tout yon sistèm esklavajis

Ki te gen milenè depi li te etabli

Se pou rezon sa nan zantray kabal vatikan

Lwasalin rete yon loray movetan

# PRIYÈ

Dyesalin granmèt
Se ou ki fè n konn kiyès nou ye
Se ou ki bannou pouvwa
Pou leve tèt
Pou n gade kolonbo nan je
Tanpri granmèt
Voye lwa yo pwoteje n
Pa kite lòt relijyon pete je n
Pou fè n bliye kiyès nou ye
Se vre nanchon an vire do ba ou
Men Lwasalin papa
Gen pitye pou nou
Paske ou se zetwal libète
K ap file nan zantray
Vèvè Brav Gede
Ki trase sou bitasyon vanyan
Bouji espwa liberasyon
Ki limen nan badji lavi tokan

Lanp lwa Ogou Feray

Ki toujou limen nan wonfò

Tanpri Dyesalin vin pi prè n

Pou n pa tonbe nan tantasyon loksidan

Paske solèy kolonizasyon vle kouvri n.

# DYESALIN SE YON FÒS

Fòs ki nan sobadji yon pèp
Epe Obatala pou wenken yon nasyon
San Brav ki nan govi vanyan
Ki antere anba mapou liberasyon
Asòtò ki pa sispann bat nan nanm
Pou demare nan sabliye kolonizasyon
Libète vètebral tout gason djougan
Ki pa gen lespri nan boutèy blan
Inoubliyab ki enkane nan lespri
Non depi li site sou bout tè sa
Se Agawou Tonnè ki gwonde
Nan fon lanmè kolonizatè
Menm fè tranble tonbo pap Janpòl 2
Nan simityè vatikan
Non depi li site
Kadav Napoleyon pran tranble
Depi nan tonbo rive jis chanzelize.

## PREMYE DÈ PREMYE

Li se premye van libète
Ki vante nan savann kolonyalis
Premye zetwal imanis
Ki briye nan syèl limanite
Li se mapou kominis
Ki leve nan lakou
Wi premye plant layisite
Ki grandi nan jaden espirityalite
Premye esklav sou bitasyon loksiklan
Ki bati yon anpi nèg nwa
Premye sole anti kolonizasyon
Ki leve sou tèt kolonbo fòs fènwa
Premye seremoni lavi
Ki danse nan nanm vodouvi
Wi premye moso bouji
Ki limen devan Bawon wonsi
Premye gason kanson fè

Ki fè tranble vatikan

Denye gout san gran gèrye

Ki ranvèse vaz analfarasis Napoleyon.

# KOUWÒNE

Se sou règleman 3 wòch dife

2 septanm 1804

Anperè Dyesalin pwoklame

8 oktòb 1804

Lwa mas la kanpe

Sou sole danti kouwòne

Ayizan chire sou tèt

Pou pirifye lwa mèt tèt

Se sou yon Milokan trase ak sann

Li fè resevwa Ayizan Velekete

Grann Gitonn pran asyèt blan

Li fè desann yon zetwal nwa

Pandan li fè gòjèt 2 blan

Devan 7 tribi tokay ganga

20 septanm 1805

Kòk Feray gran zepon pran chante

Regleman zile a chanje

Yon drapo Bizango ap salouwe

Sou prensip lavi ou lanmò

Dyesalin Danmbala wèdo

Douvan sole Atidanyi Boloko

Klè Erèz sakre enperatris lalin

Yanvalou pou grandèt Dyesalin.

## KRÈT A PYEWO

Nan fò Krèt a Pyewo
Se te Brav Gede ak Gad Towo
Ki te jouke douvan Dyesalin
Akonpanye Badagri ak Balendjo
Je Wouj ak Èzili 7 Kout Kouto
Mapyang epi Èzili Laflanbo
Dantò rèn kaplawou ak chanprèl
Fè trase yon sèk sakre
Pou yon fransè paka penetre
Nan batay Krèt a Pyewo
Menm lanmò pran tranble
Pou jan kanson fè Gadsalin
Fè kadav fransè fè fimye
Pou boujonnen libète
Dyesalin deklare nan fò
Yon tokay ki vle travese lib
Dwe kouche sou tonbo Brav
Men yon nèg ki pè lanmò kolon

Dwe al leve nan simityè esklavaj

Batay Krèt a Pyewo

Ki te yon kout epe Gadsalin

Nan memwa tout esklavajis

Yon kal pou listwa grave

Nan achiv mizè tout franse

Jis kaske yal donnen nan simityè inikite.

## TRAVÈSE

Lavil Okan te atriste

Menm dlo te sispan koule

Nan basen Soukri

Zwezo enperatris Klè Erez

Te sispann fredone chan libète

Jou granmèt Dyesalin

Te travese kite badji a

Pou ale nan fon kè Alada

Van politik agrè a te sispann soufle

Kwakwa vanyan te sispann souke

Wònto te pèdi fò pou bat asòto

Menm adyenikon pat ka chante fò

Lè Bizango t ap pote ale

Sèkèy mawoule danti vanyan

Bawon nan simityè dogwe

Devan kadav Gadsalin

Si konplo pat pi fò pase wonga

Ki konze petyonis ki te ka

Dekroke djakout gason tokay

Nan wonfò mèt Ogou Feray

Se pou rezon sa menm

Tout tchovi nan lakou a dwe konnen

Se milat ak kèk nèg kè blan

Ki bedonnen chwal malen anperè

Douvanjou nan gran chemen.

# DYESALIN

Dyesalin se basen danyi

Sou prinsip adjehoun

Agawou Bèt Sansan

Agawou Konble Agawou Lefan

Fòs Agawou Misan Wèdo

Agawou Potokoli Agawou Wèdo

Pwisans Agawou Tonè

Agawou Danm Selele

Eleman Agawou Yangòdò

Lanmè move Agwe Mede

Alason Pyè Atakwa Mèdji

Atidanyi Boloko Atyasou Yangòdò

Limyè Danmbala Pyè Wèdo

Dan Ayida Wèdo

Fòs Belekou Djòdjò

Eleman Bosou dlo

Bosou Kelendo Dosou Loko

Sajès Grann Adanyi Kodan

Grann Wèdo Grann Adja

Grann Atyasou Yangòdò.

# SOVÈ DESALIN

Desalin se solèy libète
Ki leve nan fon kè limanite
Gason solid pou toutan
Envensib ki travèse le tan
Gason fò ki mache sou rèv loksidan
Ki mete ajenou rasis Napoleyon
Ki pliye tout esklavajis
Li fè Lafrans ranpe kòm vèdetè
Li antere tout espri rasis
Li fè Wochambo tounen pousyè
Glwa pou Anperè Desalin
Mèt solèy mèt lalin
Desalin vanyan epi li entèg
Li fè tranble vatikan
Li pote viktwa sou fòs tenèb
Li fè pliye tout relijyon
Desalin pi gran ke Jezi
Sou lèv lemond antye li pot souri

Ni nwa ni blan ni wouj ni jòn

Men mechan esklavajis rasis

Tout gwo peyi enperyalis

Rekonèt se Anperè Desalin

Ki se bondye libète

Ki pot limyè nan zantray limanite.

# DESALIN ZETWAL DIZNEVYÈM SYÈK

Desalin se zetwal makan diznevyèm syèk
Li fè 20 septanm 1757
Grand Rivyè Dinò Kòmye
Jou latè tap tranble loray tap gonde
Desalin sakre Feray Lavil Okan
Anba pouvwa mètrès Grann Gitonn
Epe Granmèt la pote non Obatala
Cheval Anperè a te pote non Balendyo
Desalin venk sèt mil fransè pou kont li
Li fè pi gran lame epòk la
Ajenou nan pye li
Li mènm fè Gran jeneral Napoleyon ranpe devan li
Desalin pa mouri epi li pap janm mouri
Desalin travèse yon dimansyon ak yon lòt dimansyon
Kote lap gouvene wayòm espri dè gran
Malè ak yon eritye ki bliye Desalin fè libète
Pou retire tout moun nan fènwa esklavajis nan limanite.

# PSÒM DESALIN

Lè map mache nan koulwa enperyalis esklavajis

Mwen pa gen anyen poum pè

Depi Papa Desalin avèk mwen

Granmèt la

Drese yon tab libète devan enmi yo kise kolonyalis rasis

Li mete kouwòn kominis sou tèt mwen

Epi li banm kenbe epe lavi ou lanmò

Li fèm pote viktwa sou lanmò

Nan leve tèt gad blan je vèt

Desalin banmwen pouvwa sou tout fòs tenèb

Kolonyalis kapitalis rasis

Li leve nanm mwen pi wo

Nan anpi libète

Toutan map swiv Papa Desalin

Mwen konnen m paka tonbe

Paske li se enèji vital kò mwen

San kap koulè nan venn mwen

Fòs kap nouri nanm mwen

# KLÈ EREZ

Deyès ki nan sobadji yon pèp
Sajès Aloumba pou swanye nanm yon nasyon
San ki nan govi tout djougan
Ki antere anba mapou liberasyon

Lalin ki pa sispann klere nanm
Tout vanyan fanm
Wi Klè Erez premye esklav fanm
Ki vin premye inperatris
Sou solèy anpi Dyesalin

Klè Erez premye imanis fanm nwa
Ki moutre limanite limyè mounite
Pandan lagè nan vètyè
Li swanye menm kolonizatè
Ki te redije kòd nwa

Klè Erez senbòl sajès

Ki pote viktwa sou santiman rasis

Paske li mete souri lanmou l

Sou lèv limanite

# SANIT BELÈ

Sanit Belè yon brav kou brijit
Ki pat pote jip Pou bèl twèl
Men se te yon zetwal lagè
Ki file nan istwa tout gran gerye

Li te konn fè pantalon solda
Fransè tonbe sòti nan tay yo
Yo te dekouvri djougan fanm sa
Nan batay fò Krèt a Pyewo

Tèt mare ak yon mouchwa wouj
2 je nan tèt li wouj kou san
Yo batizel Èzili Je Wouj
Epe lavi ou lanmò nan menl
Tout kò l kouvri ak san
Sete yon fanm Dyesalin te renmen l
Fransè nome l dèyès lamò
Telman li te brav

Lite yon tonbo san kwa

Sou tonb tout la viktwa.

# CHALMAY PERALT

Sou tèt mòn Pik Makaya
Se la Chalmay Peralt repoze
Li bwè dlo sous li manje yanm makaya
Fizi daso l nan men l lap veye
Vye èg ki vle vinn poze
Sou pye palmis Ayizan Sakre
Chalmay Peralt vanyan gason
Chalmay Peralt gason kanson
Li dakò ale sou yon pòt
Olye sou kou l gen yon bòt
Lise chèf tout vanyan Kako
Konbatan ki pa pè chimen tonbo
Li pat janm pè blan meriken
Paske li se desandan endijèn
Li toujou mache sou yon gwo chwal blan
Yon gad kap veye Ayiti pou toutan
Si li pala pou l rejwi Ayiti Cheri
Se paske li sakrifye l pou rasin nan

Ap toujou gen moun anba pye mango lè li mi

San yo pa bezwen konnen orijin nan

Li sakrifye nanm li

Pou senkant kòb peyi li

Olye li vann onè l bay lòt peyi

Li pito ale Chalmay Peralt

Olye li ale konze istwa peyi li

Glwa pou Chalmay Peralt, Rozalvo Bobo,Benwa Batravil...

# POU ZANSÈT YO

Se ak yon onè makonnen ak fyète
Yon chay lanmou ak bonte
Plim pwezi m wete chapo
Pou l salye Lespri Zansèt yo
Pandan san m sèvi m kòm lank
Ti chodyè 3 pye sèvi m kòm lanp
A wi pom sèvi m kaye
Pou plim mwen vin pran kriye
Nan pye Zansèt Makandal
Mèt tout fèy nan bwa
Chèf sosyete Makanda
Ak tout onè ak tout respè
Nanm mwen pwostène
Devan Gran Zansèt Boukman
Sènbòl rasanbleman mèt Bwa Kayiman
Si pwezi m pran kriye san
Se paske li pral devan Viksama
Gran gason pat pè vèse san l

Pou tout pèp nwa sou bout tè a

Si plim mwen ajenou epi tèt bese

Se paske li devan Dye libète

Ki se mèt solèy mèt lalin

Tout glwa pou suprèm Dyesalin.

## POU PATRI

Patri a se eritaj zansèt yo

Vèse san kite pou nou

Kote kòd lonbrik nou antere

Ki fè yon sèl avèk nou

Timoun yo! tiye bon pou patri a

Nou dwe defann li

Jis odènye soupi

Paske se sèl kote nanm nou

Ka pi byen rejwi

Li se solèy kap leve sou lorizon

Bato espwa kap kouri sou loseyan n

Li se lò ak dyaman, petwòl

Nou dwe konnen pou n pwoteje l

Sou li etranje pa dwe vin fè sak dwòl

Pou rezon sa nou gen dwa tiye

Nou dwe rete bon patriyòt

Nan mitan n pa dwe gen trèt

Yo te mèt tap ofri n paradi

Nou pa dwe janm chanje nasyonalite

Yon pitit patri a ki fè sa

Fanmi l dwe bani jenerasyon an jenerasyon

Nanm ni dwe pèdi imilye

Devan lòt nasyon

Depi se lagè nou tout nèt se endijèn

Gason kou fanm

Granmoun kou timoun

Pou patri a nou dwe tonbe djanm

Timoun yo! mouri bon pou patri a.

# NOU PA DWE BLIYE SA NOU YE

Nou se ginen

Nèg tèt grenn

Desandan afriken

Nèg ki soti lwen

Nèg yon te konn met nan bato

Pou transpote tankou bourik

Pou vinn nan Kiskeya ou Boyo

Pou vin travay latè

Anba gwo solèy cho

Ak kout frèt kach tout nan do

Bannou manje patat boukannen

San yo pap bannou yon ti gout dlo

Nou paka bougonnen lè yap di n tyen

Manje mayi moulen cho

Nou se moun lè n tap rive nan tè isit

2 pye n te anchene

Figi n se vaz blan li te ye

Se ladan yo te konn krache

Lè kout baton fèn sove

Se zye n yo te konn pete

Oubyen ponyèt nou yo koupe

Si n se rebèl yo mare n

Tou vivan nan yon pyebwa

Pou yo boule n

Oubyen bay chen devore n

Nou pap janm ka bliye kiyès nou ye.

## NEGRIYE

Nan kal bato negriye
Kolon trete n pi mal ke zannimo
Chèn nan men chèn nan pye
Tout ginen ak tout kongo

Pou yo montre se yo ki mèt
Yo wonfle n ak matinèt
Yo pa menm vle n leve tèt
Paske je wouj pa gad je vèt

Yo telman wonpi n ak kout raso
Yo fè po n fè taso
Yo fè pòz yo pa bezwen n
Se sou nou yo kite n fè bezwen n

Lè sant kò n pran moute
Yo wouze n ak dlo sale
121 Jou sou lanmè

San solèy san wè latè

Nan kal bato negriye

Fi kou gason, timoun vyole

Anba kolon san vègòy

Ki pa gen mounite

Anpil nan nou mouri toufe

Nan negriye se te imilyasyon

Nan negriye se te desepsyon.

## SEREMONI PWEZI

Pwezi se Atibon Legba
Ki kanpe nan Kafou panse
Fòk plim bouji limen tèt anba
3 goud dlo refleksyon jete
Pou bèl powèm vin djayi lwa
Nan perestil kaye

Lide yo abiye an blan
Yo fè wonn potomitan
Yon tanbou santiman ap wonble
Pou rele lwa nan tèt pawolye

Ey fout tonnè! ey fout tonnè
Dambala Wèdo pwezi monte
Li mande bali siwo pou l file
Powèm nan zòrey sèvitè

Li mande rime l ak yon gode dlo

Bal yon metafò ti chèz pay

Kouvri l ak yon mouchwa rim pla

Pou l ka fè yon maji stwòf bitasyon.

# METAPOWETIK

Yon bèl fanm nwa je wouj wòb ble
Desann nan chan lespri pwezi
Li plante yon ponya nan kè panse
Li ranpli yon ti chodyè 3 pye ak san li

Nanm plim pran vomi vè
Sou 2 3 branch rim anbrase
Menm kote kalanbou pran tranble
Li santi konparezon nan simityè

2 pye pawoli pèdi tè
Yo di l marye ak Èzili
Je Wouj amoni.

# CHIMEN ZANSÈT

Lè tanbou asòtò pran kriye
Se mesaj pou nèg nan bwa
Lanbi rasanbleman sonnen Pou anonse
Enmi debake sou zile a
Ou mèt nan ginen tande
Ou paka pa konnen sa
Konplo pifò pase wonga
Se Makandal kite di sa
Chimen Zansèt se wout Bizango
Si ou panse se jwèt timoun
Ou mèt al mande Pè Toma
Wòch danti pa woule Pou rans
Se pa pou jwèt milokan trase
Nan gran lakou lè gen dans
Chimen Zansèt se chimen bay ponyèt
Ki aprann tokay voye manchèt
Pou defann grandèt
Chimen Zansèt se chimen Bwa Kayiman

Ki bannou Dantò kòm manman

Ogou feray kòm papa tout vanyan.

# KOULÈ LOKAL

Se lè solèy premye me leve
Pou wè jan koulè lokal briye
Nègès tèt mare ak mouchwa
Tete doubout bèl fanm nwa
Ap layite yon bèl fòm koka
Anba yon boubou lokal
Tokay yo menm se chapo pay
Sandal atizana yon fyète karabela
Lari fleri ak pwodwi lakay
Plezi lakontatman pran djayi
Nan nanm Kouzen Zaka Mede
Ou wè chanmchanm ou wè manba
Kasav, doukounou ak pinba
Pou gwòg menm se pa pale
Asosi ap souri sou lang tafyatè
Bwa kochon menm ap depale
Grenadya an choupèt lyann bande move
Ou wè diri blan ak lalo

K ap fè laloz nan chodyè Gran Nana
Tchaka pran danse rara
Nan kwi nèganm ak fanman m
Tomtom ak kalalou di se jeremi ki la
Bon kote madanm bannan peze
Ak mesye griyo vyann kochon
Pikliz di kite tyatya nan dyòl sèvitè
Kè koulè lokal kontan
Gen bèl ti goumèt ak bèl chèn
K ap fè lajan filalang
Se touris lokal li ye tonton
Jakmèl pou Basen Ble
Okap pou Labadi
Pappadap pran wout okay
Ann fòn poze nan lakou Lewogan
Machann machann machann
250 pyas vyann chwal
An tou jere yon prestij
Ak 2 3 bon prestij
Babankou di mwen poko sou koule
Lè nou rive nan fèt Jele
Nan al gouye ansanm
Sou vant yon pwason boukannen.

## NAN BITASYON PWEZI M

Pwezi m se ti chèz pay rim pla
Pou resevwa rim kwaze Aloumandja
Stwòf nan gran bitasyon
Ki posede tout 21 nasyon

Pwezi m se djakout Kouzen Zaka
Ki pandye nan badji Mede
Boutèy wonm ki jouke
Anba mapou tèt anba

Wi pwezi m se ponya
Ki nan men Èzili Kè Nwa
Se pa Mapyang ni Freda
Men se Dantò rèn petwo
Lèl angaje li rele Èzili 7 Kout Kouto

Pwezi m se manchèt
Ki nan men Ogou Feray granmèt

Ki vyolan mechan kou Badagri

Wi pwezi m se Akadja Bosou

# KOUZEN ZAKA

Si nan djakout Kouzen Zaka Mede
Pa gen kasav, tabak ak bonbon siwo
Se paske nan pòch sèvite w yo
Move lavi fè gwo lo

Si lè sezon dete rive nou pa rekòlte
Zaboka, kenèp ak mango
Se paske peyizan pye atè
Voye jete wou ak kouto digo
Pou baydenn lòt bò dlo

Azaka Mede gwo lwa mwen
Enèji vital pèp la pa makonnen
Ak bon akansan ni tchaka ankò
Men pito poul blanch epi yon kola

Kouzen oo nan lakou lakay
Se grangou ki sèl mèt

Anyen vin paka rete mi sou pye

Tchovi yo manje yo tou vèt

## MINIS AZAKA

Kouzen Zaka Minis mwen

Sa fè lontan lapli espwa

Pa tonbe nan jaden rèn Fatima

Se solèy lamizè ki pran taye banda

Sou bitasyon madan Sara

Peyizan tèt mare pye atè

Abandone tout tè

Paske yo pèdi espwa

Yo vann tè ak bèt yo

Pou yo achte moto

Paske agrikilti lakay

Klintonn voye l nan tonbo

Vant Nou vin nan men vwazinay

Se leta ak o.n.g ki pran nan konplo

Kouzen Azaka Mede

Si premye me rive nou paka fete w

Menm kleren kafe nou paka jete

Devan pye w pou n salouwe w

Se paske se sezon chomaj nou rekolte.

# POUKI M DWE KONVÈTI

Pouki mwen dwe konvèti

Pandan li paka epanye m

Anba kout raso blan je vèt

Dim Pouki m dwe konvèti

Pandan m ap toujou yon esklav

Yap trete pi mal ke bèt

Non mwen pap konvèti

Paske li pap janm sove m

Anba flanm dife kolonkri

M ap toujou mouri pann

Si tout fwa mwen ta sove kite chan kann

Pouki m dwe aksepte jezi

Pandan li pa janm di yon mo

Lè kolon konn ap pete je m

Koupe ponyèt vide siwo sou tèt

Fout di m Pouki m dwe konvèti

Pandan m ap toujou yon byen mèb

Pou atik 44 nan kòd nwa

Non mwen pap konvèti

Paske mwen se desandan

Kongo, Togo ak Baka

Mwen se Mandeng m se Fon

Mwen pap fout batize nan lòt relijyon.

# ZANTRAY

Nan fon kè m lamizè trase vèvè

Pwoblèm ak kalamite

Danse sanmba nan lespri m

Nan zantray mwen m wè twòp krim

Se sak fèm kenbe plim

Pou m ekri sa map viv nan lavi m

Karanklou ap fè laviwonn dede sou tèt mwen

Lè m tonbe pou manje m

Trip mwen tounen kòd

Pou pann tèt mwen

Lamizè tounen vè pou manje

Tout vyann sou kò m

Lespri m pouri ak jezi kri

Ki fè m panse se dyab k ap manje m tou kri

Nan yon peyi pa gen elektrisite

Pa gen sant sante

Malere pa menm ka manje

Nan yon peyi lè lapli tonbe

Se pwoblèm pou moun kay koule

Men se delivrans pou malere ki gen rad sal.

# VODOU LANMOU

Cheri doudou ti marabou

Si ou wè mwen tounen ougan

Nan limen balèn nan pye w

Se paske mwen wè

Ou ka potomitan nan gran lakou

Si ou wè mwen ap di w jetèm

Sou 2 3 kout tanbou

Se paske mwen wè ou se

Yon bèl kout penti Franketyènn

Nan tablo kè m chouchou

Tout rèv mwen se al viv avè w Alada

Paske ou gen yon bèl tèt dyòl kou Freda

Mwen anvi ou Dantò

Ki chita nan wonfò m

Lwa ki nan repozwa m

Ti marasa ki nan krich mwen

Mwen anvi ou moso bouji

Ki limen andedan badji

Mwen anvi ou sant byenèt

Ki sou kò m

Mwen anvi ou Èzili ki pap kite m pou kò m

Pafen losyon k ap fèm santi bon.

# VODOU SE

Vodou se chache konnen
Kote mistè fè kwen
Rasin mapou k ap kouvri
Kote pèsòn pap janm konnen
Konesans ki jouke nan fon kè lanati
Rezon ki bay egzistans
4 gran eleman ki bay nesans
Ak lavi ki pap janm fini
Wi vodou se yon amonizasyon ak lanati
Ki pèmèt moun dekouvri
Tout sòt konesans ki kache nan mistè
Vodou se baz konesans ak kwayans
Tout pèp sou latè
Li se solèy Wèdo pou chofe tè a
Dlo k ap kouri pou alimante lavi
Van ki ap soufle pou pote fòmil
Lè ak oksijèn kap kouri nan narin
Tout moun sou bout tè a

Li se tè a ki se repozwa pou tout fòm vi

Vodou se mwen ak ou .

## ANN CHACHE VRÈ RASIN NOU

Annou jete bondye blan an
Ki swaf dlo nan je nou
Annou pa kwè nan vye koulè blan an
Pou n sispann chanje koulè po nou
Annou chache vrè rasin nou
Ki se kri libète kap chante nan zantray nou
Annou koupe fache ak relijyon enperyalis
Ki vle anchene lespri nou
Annou rekonèt se vodou ki rasin nou
Ki ka kase chèn ki nan mantal nou
Pou l delivre nanm
Ki antere nan tonbo vatikan
Pou zansèt yo ka tande kri nou
Anba malfezan ki fè nou kwè se jezi ki mouri pou pèp nwè
Se pa Boukman ak Desalin
Malfezan kap dyabolize kilti n
Pou fèn bliye kiyès nou ye
Pou fèn etranje sou sa nou ye

Menm rive pè sa nou ye

Si nou pat bliye Bwa Kayiman

Nou tap gen fòs leve tèt gade blan

Si nou pat gen yon leta tchoul vatikan

F.I.C pa tap ka anpwazone edikasyon n

Pou touye jeni yon nasyon

Si nan chimen sivilizasyon n

Nou kanpe nan wout

Se paske nou kite yo etenn flanbo libète n

Si nap viv tankou bèt

Devan lòt nasyon nou paka leve tèt

Se paske nou se yon pèp

Ki ipokrit nen frèt

Nou trayi 12 pwensip Bwa Kayiman

Pou n al mache sou ansyen ak nouvo testaman.

## POU DIYITE N

Mal site pa dwe fè n bliye

Si n sot nan gran ras

Se pa poutèt yon peyi nan povrete

Pou n kite sa nou ye ale nan lavalas

Wi nou soti anba jis nan mas

Men grenn diri lòt peyi

Pa dwe fè nou fè grimas

Menm lè grangou vle fèn kagou

Nou pa dwe bliye sa nou ye gras ak vodou

Pito mal swen fè dlo koule nan je nou

Olye nou vann diyite pou twa ka pyas

Pou yo mete nou ajenou

Olye pou n kite fyète n atè

Pou kochon manje l nan po bannann

Pito nou viv lavi ou lanmò

Paske nou se pitit Boukman ak Kapwa Lamò

Ou menm nèg,nèg nwa pa vle di bèt bwa

Sispann mache tèt ba

Paske pou libète w ak diyite w

Gen moun ki te vèse san pou sa

Leta tchoul ak boujwa imigre

Mèt tounen kòkòt ak figawo

Pou fè move lavi asasine diyite n

Nou pa dwe kite diyite n pati

E nou pa dwe pati ak diyite n

Diyite n dwe revolte n.

# TI CHERI AYITI

Ti Cheri ou gen lontan ou pa souri
Paske ou gen lontan wap soufri
Fyète w vin blaze paske ou pwodwi twòp ti soufri
Cheri a chak fwa m gade w
Nan fon kèm mwen tris
Paske mwen wè ou se yon mango mi
Kap souse pa enperyalis
Ayiti Cheri pita ka pi tris
Si politik nan ou ret biznis
Cheri doudou Desalin Tris
Ou gen twòp pitit ki gen vis
Cheri doudou an nou fè yon kout pye kay sosyalis
Nou soufri twòp anba kapitalis

Ayiti Cheri pitit ou paka revolte
Yo zonbifye pa jezi kris
Ayiti mizè vin tankou yon kwa sou do w
Pandan vatikan pran plezi l

Simen legliz tankou pwa sou do w

Ayiti Cheri yo fè pitit ou Konnen ou pa posede

Tandike yo brake zam sou ou pou fouye w.

## SAK YON AYISYEN

Yon Ayisyen dwe rekonèt
12 prensip Bwa Kayiman san mamote
Priyè Boukman dwe nan kèl
San rate yon mo
Li dwe konnen 7 kouplè im nasyonal peyi l
Jiskaske lale nan tonbo
Li dwe konnen lavi Boukman
Pi byen ke vi pa li sou bout tè a
Tout kote nou pase nou dwe fè konnen
Se Desalin ki bay limanite libète
Pou tout Ayisyen Desalin se bondye libète
Kelkeswa kote nou rive sou bout tè a
Depi nou wè tanbou nou dwe ajenou
Paske yon tanbou se nanm nou
Depi nan vant jiskaske zo nou tounen pousyè
Nou dwe konnen blan pap janm renmen nou
Nou dwe viv ak tout moun
Menm renmen tout moun

Kelkeswa koulè po l

Men nou nou dwe konnen

Se nou ki renmen etranje etranje pa renmen nou paske nou se pèp libète.

## YO FÈ NOU BLIYE KIYÈS NOU YE

Yo fè nou bliye kiyès nou ye
Pou n ka krache sou drapo n
Yo fè nou rayi sa nou ye
Pou n ka chanje koulè po n
Yo fè nou bliye kote nou sòti
Pou n ka pa konn kote nou prale
Yo lage n nan yon boutik ipokrizi
Pou nou van sa nou pa ye
Jèn fanm ap kouche pou ipolit
Pou achte krèm pou vinn Michèl Benèt
Yo pa kwè nan tèt
Paske edikasyon nou pala pou mete nan tèt
Nou bezwen yon Boukman
Ki pou vin remounize n
Nou bezwen yon Desalin
Ki pou vin reban n libète n
Nou bezwen yon Grann Giton
Ki pou vin rekoud fyète n

Nou bezwen yon Chalmay Peralt

Ki pou vinn defann souvrènte n

Nou bezwen yon Antenò Firmen

Ki pou vin reprezante sa nou ye

Nou bezwen yon Dimasèy Estime

Ki pou vin modènize n

Nou bezwen yon Stiv Brinach

# LEKÒL KOLONYAL

Nan plas edikasyon nasyonal
Yo bannou yon edikasyon kolonyal
Ki fè nou pote anwout ak jezi
Men pa Boukman ak Makandal

Yo fè nou li istwa n an franse
Pandan se an kreyòl nou bati libète
Yon lekòl sou rèy f.i.c
Ki pou krisyanize devodoulize

Yo aprann timoun jerizalèm
Men non pa Lavil Okan
Yo aprann yo 10 kòmandman
Men pa 12 règleman Bwa Kayiman

Yo wonfle tchovi yo ak matinèt
Pou yo konn Nòtre pè ki è zo sye
Men yo pa janm mete nan tèt

Priyè Boukman te resite 14 dawout 1791

Yo aprann nou woule chaplè

Men yo pa vle nou bat asòtò

Yo fè nou kominye e batize

Men yo fè nou pè kanzole .

## KRIM KOLONYAL

Yo debake sou bout tè nou
Zam nan men
Bib nan men
Pou vinn maspinen
Tout pitit Lafrik Ginen
Ki pa vle batize ni pran kris
Zam pou tout rebelyon
Bib pou tout lespri merilan
Ki pè lanfè ilizyon
Pran paradi alisinasyon
Yo anchene papa kou manman
Ak tout pitit Afrik bètman
Chèn sòti nan pye
Pase nan men rive nan kou
Anbake nan bato negriye
Pou al likide bay blan je vèt
Se zantray ki pran rache
Lè Mari ap gade

Jan kolonmbo ap vyole
Pitit fi ak tout madanm Devan 2 je l
Men yo paka revolte
Paske yap tronse po yo
Ak kout raso bondye
Yo redwi tè Afrika an san
Pou yo al anrichi vatikan
Fondatè sistèm esklavajis.

## AYITI APRÈ LAPLI

Lè move tan mare figi di l

Pou anonse lapli desepsyon

Sou yon peyi ki si fraji l

Pwal Tonbe

Se prepare w pou al viv

Yon meteye imilyasyon

Ki pral glise desann ak mizè

Pou al taye banda avyasyon

Aprè kelke minit tristès

Lè lapli kritik fin pran tonbe

Pou wè yon solèy tou chich

Kap mayimoulen kòl

Dèyè yon nyaj ipokrizi

Pou vinn klere yon vi l

Ki santi ak afriba sou tab mache anba

Figi pòtoprens blaze ak fatra majistra

Ak vye chen politisyen

Vye rat, vye chat boujwa

Melanje ak yon kotèks san

Yon pèp yo finn mete anemi.

## TOUMAN NAN PWEZI

Chak vè nan pwezi m
Se kout frèt kach pou kale nanm
Konze ki trayi peyi m
Pawòl mwen se piman bouk
Ki la pou tonbe nan je konsyans
Tout folitichyen konzeyis
Ki vanm peyi m bay je vèt
Pou 2 3 papye vèt
Wi pwezi m se kout loray
Ki vin toumante tout gran manjè
Ki san diyite san onè
Ki retire tren souvrète n sou ray
Wi Pwezi m se Bawon nan simityè
K ap tann lapès woz
K ap tann tipè foli wa
Ak tout lòt ki lage peyi m nan fènwa
Pou jije yo sou yon tonbo san kwa
Pwezi m gen pou zonbi

Ki gen pou swiv tout fo lidè

Ki mete pèp mwen tèt anba

Chak grenn mo ki eri sou mi

Gen pou twouble lespri

Tout abolotyo  k ap mache nan lari

Wi pwezi m gen pou bay jistis ak Ayiti.

# BAL DEMOKRASI

Depi aprè rejim bout di diktati
Yon bann fo lidè sanginè
Fout Klè Erez yon bal demokrasi
Epi yo voyel sou kabann lopital siwo libanè

Se sou yon ti kabann enstabilite
Pitit fi ak pitit gason l yo lage l
Pandan l ap mouri ak yon emoraji ensekirite
Menm yon sewòm konsyans li paka twouve

Kòm li malad li paka kanpe
Pitit li yo vann tout sa li posede
Pou fè je vèt gwo chabrak plezi
Yo likide asko ak asyeri

Se nan likidasyon pa dire
Yo vann Teleko
Ak tout materyèl militè yo

Epi yo bannou yon polis boujwa

Pandan yo mete pye sou magazen leta

Klè Erez te gen diri madan gougous

Li te gen diri chela

Li te gen endistri ki te konn fè pat tomat famoza

Pou fè mesye cheve siwo kontan

Yo fout latibonit yon move tan

Chak lè Klè Erez vle kanpe sou de pye diyite l

Yo fout li yon dòz kou deta

Nan plas makout koko makak

Yon bannou rat pa kaka

Bandi legal kòm ti makak

Se depi 86 ayiti ospitalize

Sou yon kabann politik newo liberal

Anba yon bann santiman sal.

## KONESANS NAN FATRA

Kite m chache
Konesans nan fatra
Paske nan peyi pam
Konesans konn jete
M pa gentan pou m pèdi
Sou tiktòk ak enstagram
M pa gen memwa pou gaspiye

Lasosyete prete m zòrèy nou
Pran ti chèz ba pou n koute
Nan lakou isiba
Yo jete liv nan poubèl
Yon konsève kapòt nan tiwa
Kòmsi konesans konn espire

An kite kantik ann pran priyè
Apa ministè edikasyon nasyonal
Ak tout bibliyotèk nasyonal

Pa janm fè reklam pou lajenès
Vin nan bibliyotèk pou renmen li
Men gen reklam pou mete kapòt
Ki ap pase sou televizyon nasyonal

Kifè si yon jèn tifi
Ap fè menaj nan kay
Si li jwenn yon liv l ap jete l
Men si li jwenn yon pantè l ap konsève l

Nou mèt kite m chache konesans
Nan fatra bò lari kapita l
Paske se nan fatra wi le pèp
Mwen jwenn «inegalite de la race humaine»
Antenò Firmen
Men se nan fatra mwen jwenn
«Gouverneurs de la rosée» Jak Woumen
Men mwen jwenn «10 hommes noirs» Etzè Vilè...

# VERITE NAN PWEZI M

Vim se yon grenn bal
Nan mitan yon boukan dife
Ki pa gen jou nwit pou l file
Sanm se lank ki nan plim mwen
K ap vomi sou kaye lamizè m
Batman kè m se bit pou m fè vè ak chagren m

Mwen pran konesans papa m ban mwen
M mete osèvis nasyon m
Paske si mwen sou de pye m
Se gras avèk nasyon m
Vwazinay ki te konn bay konsèy
Pou papa m voye m lekòl
Sa ki te konn banm ti manje
Vann mwen kredi pou m pat Tonbe nan sa ki dwòl

Se soufrans nan katye popilè
Ki sous enspirasyon m

Se kri machann anba lavi l

Ki bay sans nan krim mwen

Si ak kout plim mwen

M pran chemen revolisyon

Se paske mwen konsyan m viktim de sistèm nan

Yon sistèm ki asasinen frè ak sè m

Nan katye popilè

Yon sistèm ki fè manje liks

Pou moun nan katye popilè

Mwen kriye fritrasyon nan teks mwen

Nan tèt mwen

Moun bèlè gran ravin ap fè bri

Si pifò tounen bandi

Se paske gen twòp jèn ki abandone nan lari

Leta pa bay pri pou yo

Alevwa pou sektè prive ta tande kri yo.

## POUKI M AP EKRI

Map ekri pou m dekolonize
Panse pèp mwen ki anpwazone
Ki anchene nan pye f.i.c
M ap ekri pou ayisyanize

Map ekri wi map ekri
Pou m enplante panse ayisyen
Nan achiv limanite san pri
Ki vle inyore yon gran lide

Tout moun se moun
Pa gen moun pase moun
Map ekri pou n vodoulize
Nanm yon pèp yo fin evanjelize

Ekri pou m di nou vle viv
Sispann ak povrete òganize
Ensekirite planifye ak kriyote

Se pa tout powèt ki nan gildiv

Map ekri pou lang kreyòl
Jwenn plas li nan mezon edisyon yo
Se pa ekri an fransè ki fè w moun
Ekri pou n di wobolektyèl yo
Li lè li tan pou n deloksidantalize

# JENÈS PÈDI

Yon jenès san chemen
Yon jenès san fen
Yon jenès ki pa jwenn lanmen
Yon jenès san demen
Yon jenès san vi
Yon jenès k ap detwi
Yon jenès san memwa
Yon jenès san vizyon
Yon jenès san espwa
Yon jenès san misyon
Yon jenès san istwa
Yon jenès san kilti
Yon jenès nan fènwa
Yon jenès lespri pèdi
Yon jenès san patri
Yon jenès egzile
Yon jenès imigre
Yon jenès nanm pèdi

Yon jenès alkolize

Yon jenès devye

Yon jenès bòdègèt

Yon jenès san tèt

Yon jenès koudeta

Men ki jenès yo bay Ayiti

# YON LÒT EDIKASYON

Nou vle edikasyon pa ou vann
Pou ayiti sispann tounen savann
Fòk leta kite tchoul vatikan
Pou lespri nasyon an sot nan prizon

Nou di non ak f.i.c
Ki gen misyon pou falsifye
Istwa yon pèp libète
Pou rann li zonbifye

Si edikasyon se chemen devlopman
Pou nou kapitalize l Pou n fè milyon
Si li sekle pòt lavi
Pou an ayiti cheri
Li se kadna pou lespri

Pou li rann nou viv tankou zonbi
Mwen ta renmen konnen pouki

Yo retire sivik e moral

Eske se pou kraze peyanm nan

Pou nou vin yon pèp san moral.

# SA FÈ LONTAN

Sa fè lontan m pawè
Zetwal amoni k ap file
Nan syèl Ayiti Toma
Pijon lapè pa janm poze
Sou branch lanmou Fatima

Se nan yon oseyan san ipokrizi
Koripsyon ak jalouzi
Pifò nan nou ap nwaye
Nou dakò mare nan yon pye bwa
Ki nan mitan yon dezè lamizè
Pou yon eskòpyon povrete
Ap manje diyite ak onè n san regrè

# TRIS NOUVÈL

Peyi a san kat

San fontyè

Yon peyi sa ak

Men san vi meyè

Pèp egare egzile sou latè

San lanmou san kè

San fyete san orijinalite

San drapo san nanm

San gason san fanm

Peyi depotwa fatra

San limyè peyi fènwa

San kilti san lang

Peyi enjistis peyi gang

Peyi san istwa san literati

Peyi san memwa san demokrasi

Peyi san patriyòt

Varye kòm chalòt

Peyi san edikasyon san orantasyon

Peyi san vizyon san misyon

Peyi san demen san avni

Peyi sa chemen san souri

Peyi san etadam peyi mètdam

Peyi ki sou wout disparisyon

Pèp san santiman

Ki dispèse pami lòt nasyon

Peyi envisib peyi ineksplikab

Pèp mirak ki kwè toutan tèt pa koupe

Yo ap mete kanpe souvrènte .

## JISTIS POU DIYITE

Povrete brake zam lamizè li

Nan figi yon kominote

Jiskaske li touye mesye diyite

Devan 2 nawè yon peyi

Lè leta san konsyans tande sa

Li voye anbilans san karaktè ranmase l

Pou al mete l nan mòg imoralite

Pou ankèt se pouswiv vin makiye

Solèy desepsyon leve li kouche

Antèman diyite paka chante

Paske tout fanmi l nan chomaj

Se kèt ki fèt men se domaj

Pou chante antèmanl nan legliz imoral

Etik tonbe kriz moralite mare senti

Konsyans tonbe kriye

Lè yo wè yap fouye

Mesye diyite nan tonbo enkonsyans

Depi lè yo asasine mesye diyite

Pitit fil yo mache kouche

Ak anri kristòf pou plat espageti

Pitit gason vann onè yo bay petyon.

# YO ALE ANPIL

San militan ki koule pou ti peyi sa
Ka nwaye mon pik makaya
Dlo ki koule nan je ti pèp sa
Ka etenn sole espwa

Pou kadav ki sòti nan klas mas la
Ka ranpli dezè saara
Peyizan plante plis sèkèy
Nan jadin gran simityè
Yo rekolte plis tristès ak regrè

Sosyete a malad kouche sou kabann lamizè
Pandan yon pinèz ensekirite
Ap bwè san l san rete
Yon siklòn estabilite politik
Vle dechouke l pou al lage nan lanmè

Kanbatan yo lage de bwa balanse

Se van dezolasyon k ap pote yo ale

Pandan ofisyèl vit pafime

Ap kondwi yo nan chemen tonbo

Se yon tanpèt enjistis

Ki pase ale ak Jan Dominik

Leganyè,mèt Dòval, Neyemi

Nan fon lanmè ankèt se pouswi

Wi yo ale anpil pou Ayiti cheri

## YO TOUYE SA NOU YE

Yo fè nou bliye kiyès nou ye
Pou n ka krache sou drapo n
Yo fè nou rayi sa nou ye
Pou n ka chanje koulè po n

Yo fè n pèdi kote nou sòti
Pou n pa konn kote nou pwale
Yo lage n nan yon moul ipokrizi
Pou nap van sa nou pa ye

Jèn fanm ap kouche ak ipolit
Pou achte yon idantite Michèl Benèt
Yo pèdi lafwa nan tèt
Paske edikasyon krisyanize je vèt
Pa la pou ayisyanize yon pèp

# MIKWÒB SOSYAL

Gen de moun nan peyi sa
Pou bal lanmen fòk ou gen gan
Paske yo se mikwòb sosyal
Yo la pou enfekte tout yon nasyon

Si minista ki te pote kolera
Nou mande pou yo ale
Lilè litan pou n kanpe
Kont yon bann politiviris sida
K ap enfekte tout yon jenès

Egzanp lapès woz legal
Kite yon wana mache
Nan palè nasyonal

Mikwòb telman pa touye ayisyen
Li te rann nou vote yon pandemi sosyal
Pou vin chèf tout ayisyen

Mwen pap site non

Men tout moun konnen

Mwen pa konn desann pantalon

Pwensip ijyèn di lè ou sot nan twalèt

Ou dwe toujou lave men

Mwen menm mwen di met sa nan tèt

Gen de moun ou sot rankontre nan peyi sa

Fòk ou al tranpe diyite w

Nan klowòks moralite

Si ou pa ta vle enfekte

Moun sa yo nan palè ak primati

Nan laprès ak nan sektè prive

Yo se mikwòb sosyal

Depi ou jwenn ap moun sa yo

Ou pa fouti pa dezidrate

Tankou moun ki te pran nan kolera

Fabrike nan laboratwa loni.

## TI CHERI AYITI

Marijan ou gen lontan pa souri
Paske ou gen lontan w ap soufri
Fyete vètyè w fin blaze
Paske ou pwodwi twòp ti soufri
Cheri a chak fwa m gade w
Nan fon kè m mwen tris
Paske ou se yon mango mi
K ap souse pa enperyalis
Klè Erez cheri pita ka pi tris
Si politik nan wou ret biznis
Sanit Belè sa fè tris
Ou gen twòp pitit ki gen vis
Fatima fè yon kout pye kay sosyalis
Ou soufri twòp anba kapitalis
Si ou paka revolte
Yo zonbifye w ak jezi kris
Defile mizè tounen yon kwa sou do w
Pandan yap simen legliz tankou pwa sou do w

Lamatinyè doudou yo fè konnen ou pa posede

Tandike yo brake zam divizyon sou ou

Pou yo fouye w.

# MWEN BOUKE WÈ

Mwen bouke wè kamarad klas
Sou pil fatra bal nan tèt
Wè marabou ki pa nan klas
Yon ta de moun pou manje k ap pran dwèt

Ayiti toma pa labatwa
Yo kòche jèn tankou ti kabrit
Tifi kinzan ap brase sou totwa
Paske sou bra yo ge 2 pitit

Nan bouske lavi
Yal pase kapòt sou ganri
Mwen bouke wè nan yon vil
Yap touye espwa Pou Dan ri
Pou non A make sou mi ki blanchi ak kabi

Mwen bouke wè zam yap pote nan geto
Pou dròg ak lajan Pou divize

Pou San Nou al koule tankou dlo

Pandan yo ap renye.

## REPIBLIK SIMITYÈ

Depi kòk enstabilite a pran chante
Konnen se solèy ensekirite ki leve
Im lanmò a pa bezwen chante
Pou drapo gran simityè a monte

Vip pip kè vil la sote
Tansyon pran Bawon gran simityè
Pou jan papa Ti Pyè
Gentan rive devan Bawon san soupe

Nan repiblik simityè
Lanmò bay san jou
Pou li ale ak tout moun Kwadèboukè
Pandan yon senp ti lapli
Pran nwaye espwa Matisan
Bwote yo al lage nan fon lanmè
Anba nawè yon leta konsyansvotou
Ak yon boujwa kanivòwonpi

# ABA RELIJYON

Relijyon se yon zam ideyolojik
Ki pi danje ke yon bòm atomik
Yon pwazon ki trè vyolan
Ki fabrike nan laboratwa vatikan

Wi nou dwe di aba legliz
Kise yon demon divizyon san pri
Kap vomi eksklizyon nan yon peyi
Pou kreye kriz

Wi nou dwe di aba relijyon
Kise yon esntriman zonbifikasyon
K ap anchene lespri yon pèp

Legliz asanble ipokrizi
Swivi pa yon bann san lespri
Ki aksepte klouwe sou yon kwa povrete
Paske yo fè yo pè yon lanfè imajinè

# FO MOUN

Ayiti gen moun
Men se moun san tèt
Esklav mantal ki gen mèt
Wi Ayiti gen moun
Men se moun san nanm
Moun san sèvè l
San etik san eta dam
San diyite san kòd moral

Wi Ayiti gen moun
Men se moun ki zonbifye
Egare sou latè
Moun k ap viv pou plen trip
Plede trip epi tann lanmò
Ayiti gen moun vre
Men se moun san bon sans
Sèvèl wòwòt san konesans

Nan leta Ayiti gen moun
Men se moun manje atè pa di mèsi
Moun figi yo di kou tanbou Kay Lamèsi
Ayiti gen plis pase 12 milyon moun
K ap viv sou 27 mil sèt san senkant kilomèt
Ki dakò viv pi mal ke bèt
Ki zonbye lespri kòde anba lanmè
Moun ki vinn ak 2 pye
Men ki aksepte ranpe kou vèdetè
Ki gen bouch pou pale
Men ki dakò viv kou bèbè
Paske yo kwè nan bat dlo Pou fè bè
Yo gen 2 je ki kale
Men ki pa janm fouti wè
Wi Ayiti gen moun
Men tanpri di m ki moun.

# JE KALE

4 je kontre manti kaba
Kote lanp tèt gridap ap briye
Lidè mazanza paka la
Kote yon lidè san konsyans
Ka mennen yon pèp je pete klere
Ke nan chemen fènwa

Ti jozèf mèt sòt kou bouki
Lè pap mete lanp anba tab
Ayiti se sèl ti peyi
Lidè k ap mennen moun limen lanp anba tab
Pandan tout kay la nan fènwa

Se nan bwase lide wi mezanmi
Je le pèp ka fout louvri
Men vin di m konbyen fo lidè
Ki prè pou vin bwase lide
Sou ti chèz Grann Aloumba

San verite pa kache

Sak nan men w lan

Li dwe nan menm tou

Se je nan je pou trip la netwaye

Fòk tout plimay sou do karanklou

Tonbe jodi a sou tanbou verite.

# NOU VLE YON LÒT EDIKASYON

Si edikasyon te fèt an kreyòl
Anverite nou tap konn kiyès nou ye
Si lajan pat rele pe dyòl
Lespri zanfan yo tap libere
Nan pye tab lafrans ak kanada
Si edikasyon n pat pou vann
Ayiti pa tap yon savann
Si leta pat tchoul vatikan
f.i.c pa tap mèt edikasyon n
Pou anchene jeni yon nasyon
Yo fè nou li istwa n an fransè
Pandan se an kreyòl nou fè istwa
Yo fè nou ekri libète an fransè
Pandan se an kreyòl nou fè libète
Si edikasyon se chemen libète
Pou nou kapitalize l pou n fè milyon
Ann sispann vann edikasyon
Si nou vle gen yon sosyete ki djanm

Mwen ta renmen konnen pouki
Yo retike sivik e moral
Èske se pou nou kraze Ayiti
Pou n ka gen yon sosyete San moral
Pouki tchovi yo pot anwout avèk jezi
Men pa Boukman ak Desalin
Yo konn Nòtre pè ki è zo sye
Men yo pa Konnen priyè Boukman
Si map mande yon lòt edikasyon
Se paske m vle yon lòt nasyon
Si map mande yon edikasyon an kreyòl
Se paske mwen vle detwi kolonizasyon.

## TI LÈZANJ YO DWE KONNEN

Ayiti cheri se yon jadin
Ki sèkle plante pa Zansèt yo
Yo te fè zo yo tounen kouto digo
Pou sèkle kèk move zèb pami yo
Pye atè do touni anba solèy cho
Yo pat pè plante libète egalite fratènite
Pandan san yo pran plas dlo
Pou wouze janden souvrènte
Pou endepandans te ka grandi  piwo
Vayan sa yo se Boukman, Desalin, Kapwa Lamò
Pou boujonnen espwa libète
Yo youn pat pè lanmò
Si nou jwenn kek move rekòt
Se paske te gen kek move men
Ki te plis vle kolonyalis
Yo pat anti esklavajis
Timoun yo, nou dwe konnen
Si nan jaden Ayiti Toma

Pye libète ak pye souvrènte n

Komanse ap mouri konsa

Se paske nou sou wout pèdi rasin nan

Paske yon pye bwa pèdi rasin ni pa fouti pa mouri

Timoun yo , jaden mande resekle

Awi li mande replante

Pou ti lèzanj kap vini yo

Jwen yon lòt bon rekòt libète

Timoun yo, nou dwe toujou konnen

Rasin ap toujou sakrifikatè yo

Pye bwa ap toujou pou jwisè yo

Se jenerasyon nou an ki dwe plante jaden souvrènte n

# VERITE NAN S MWEN

Yon bann enperyalis kapitalis
Dwèt yo long yo gen vis
Yon bann nèg kè yo pa janm tris
Lè yap souse Ayiti tankou pis
Sou pouvwa tèt kale se pa de tèt kale
Enperyalis pran fòm touris
Pou yo vinn souse Toma plis
Klè Erez si telman dous
Blan je vèt sou do Ayiti tounen siklis
ONG bay Marijan koka tout nan kwis
Kòm rekonpans yo bann legliz plis
Pou kretyen tèt mare al priy kris
Pandan yap bote resous nou yo plis
Anverite mwen pral di plis
Paske nan kaye peyi enperyalis Ayiti nan tèt lis
Paske nou se premye pèp nwa
Ki batay kont sistem esklavajis
Nou fè linyon nwa ak milat

Pou n moutre nou pa rasis

Se Sak fè nan tèt kolon pèpè

Nou rete yon sikatris.

# PWEZI M VIN ANONSE REVOLISYON

Pwezi m se solèy revandikasyon
Kap leve dèyè mòn liberasyon
Pou mas la ka wè lonbraj akawo
Pwezi m se mizik revandikasyon
Ki vin reveye vrè nanm Tijan
Ki gen twòp tan anchene
Nan pye bwa bliye m sa
Ki gen rasin li nan vatikan
Pwezi m se kout tanbou petwo
Kap rele bon gad makaya
Pwezi m se lanbi kap kòne
Pou voye mesaj bay nèg nan bwa
Wi pwezi m se san Viksama
Ki vèse nan asanble nèg brav
Pwezi m se mesaj rasanbleman
Ki sòti nan fon kè Boukman
Ki te libere nanm nou nan esklavaj
Wi pwezim se enèji revolisyon

Ki prè pou travese nan nanm chak ayisyen

Kit Ewòp kou Amerik

Azi kou Afrik

Wi pwezi m se Ayisyanizasyon mantal pou yon nasyon.

# SANS LAVI

Solèy Dambala pa mache
San Ayida mètrès lalin
Libète espwa pa mache
San djougan gason Desalin

Vodou pa mache san tanbou
Lakou pa mache san mapou
Latè paka viv san dousè syèl
Lapli pa tonbe san lakansyèl

Lavi pa tap bon san eprèv
Depi ou wè adan fòk ou wè èv
Depi ou Ozval Diran
Fòk ou wè choukoun
Fanm tap san valè san koukoun.

## TESTAMAN M

Jou mwen travèse
Pinga dlo je koule
Nenpòt kote mwen taye a
Sou bout tè sa
Kondwi m ale nan bitasyon mwen
Kote lonbrik rezistans mwen antere
Se la pou m al fè fimye
Nan vèy mwen dwe gen tchaka
Dwe gen anpil tafya
Lè n ap mennen m ale dwe gen rara
Sèkèy la dwe nwa ak wouj
Kouvri m ak drapo peyi m
Si l ta manke ble e wouj
L ap yon kri m
Yon manchèt Ogou Feray
Yon wonm babankou
Yon mouchwa wouj, jòn, nwa
Se tout sa ki dwe nan sèkèy la

Rara k ap pote madoulè la
Dwe jwe 3 Chen Wawa
Se pa nan legliz pou antèman m chante
Men pito nan yon perestil
Pou manbo ougan sakre m
Tobbo dwe nwa ak wouj epi jòn
Yon vèvè Bosou ak Tijan
Pawòl selèb ekri sou tèt tonbo m
Pa swiv lidè men swiv lide
Paske lide pa vini de moun
Tonbo m pa dwe gen kwa
Men pito yon poto
Ki senbolize anlè ak anba
Tout moun ki vin voye ale
Dwe abiye wouj epi nwa
Respekte chak sa mwen di nan testaman m
Si bou pa ta vle latè tranble
Loray pran gwonde.

## PAPA

Papa ou se Feray lavi m
Ki grandi m san Dantò
M pa konn kiyès ki te antò
Ki fè li te pati kite m

Tout lè mwen te ti Marasa
Se ou mwen wè ki konn fè laye m
Dayè yo te di w jete m
Se Bosou nan ou ki sove m

Papa ou se yon Dambala
Ki chita sou twòn kè anm
Menm lè ou ta kite isiba
Lespri w ap toujou prè anm

Si mwen pa gentan fè badji
Pou m mete w repoze
Se politik peyi m ki fè sa

Ekri pa bay manje isiba

Papa mwen pwomèt ou

M ap toujou tèt sèkèy ou

Paske ou te kraze tonbo m.

## CHICHI OU SE

Chichi ou se abèy sou branch bwa
K ap fabrike siwo sou lèv mwen
Krikèt alysiyis lèl fènwa
K ap fè m dire menm lèm pran pwa

Mwen anvi w ti wonm plat
K ap fè m sou anba yayad ou
Ti pwèl grenn anba ti vant plat
K ap fè m vomi jouk li jou

Chichi si ou se Brijit
Mwen anvi Bawon w
Si ou se tèt mòn a pik
M ap premye mawon w

Chichi mwen anvi ti nèj k ap tonbe desann
Pou kouvri w lè sezon ivè
Bèl ti fèy damou  k ap degrennen

## TI MO DAKI

Timtim bwa chèch
Pa tire anba solèy
Pa vinn tann lè w gen somèy
Pou mande kale pwa chèch

Tout je chèch
Toujou kale pwa tripotay
Deyè do nan ginen tande
Se sou ti chèz bouyi zen
W ap dekouvri mannigèt bouzen

Kokoye chèch sou pye
Pa fè gwo bri lèl tonbe
Jou ti fanm wè kote chat mawon
Ap koupe fèy bwa alsiyis
L ap mande zanmitay ak jilbriyis

Ou pat janm konnen ayiti
Se yon peyi tout voum se do
Se sèl anba dlo wi mezanmi
W ap konn yayad tifi fidèl

Se nan yon pen bwat byen fouye
Ak yon boutèy diven vid
Ki pou di w konbyen kilomèt
Voum ti sè an kris genyen .

## KÒKÒT AK FIGAWO

Depi lè Figawo pèdi kòkòt
Van lanmou pa vante nan savann li
Se sezon tris chak jou li rekòlte
Nan jaden afeksyon li

Figawo ak Kòkòt
Te toujou kòt a kòt
Depi lasosyete wè yo
Yo di men Figawo ak Kòkòt
Lite lawouze sou flè choublak li
Figawo te Boukman
Kòkòt te Fatima

Kòkòt te yon Marabou
Ki te pi bèl ke choukoun
Li pat yon ma labou
Li te gen bon ti koukoun

Alepòk tout powèt ekriven

Te renmen file jouk li jou

Tankou Etzèvilè, Antenò Firmen

Men se Pou Figawo lalin kè l

Te chanje katye .

# ANABÈL

Li gen yon cheve pèwokè

2 je l briye kou solèy

Tout kòl kouvri ak lò

Li gen yon layite dan blan

Kap souri anba yon zansiv vyolèt

Li gen yon ti sant byennèt

Ki bay dòmi nan lanati

Li gen yon bann zèb swèl

K ap fè lago deli anba yon ti vant plat

Li gen yon koulè kafe wolè

Vwal dous kou wosiyòl

Li gen 2 bèl tete melon

Plim li swa kou papiyon

Li gen yon ti lèv tomat

Ti zong woz kou Freda

Lè Anabel pran souri

Ou pa ta di cheni vèt

Kap karese nan pwa kongo

Lite lanmou ki te materialize

Pou vin bande bwa lavi.

## PLEZI LANJELIS

Yon tanbou pran frape
Pandan solèy pwal fè wout li
Pou bay lanjelis plas pou zòzòrèt kò li
Anba tonèl bòs Mannwèl
Se bagèt kap frape
Gen yon bonm sitwonèl
Melanje ak kanèl
K ap yayad sou 3 wòch dife
Tout abitan anwo bouk reyini
Pou vin danse yon vodouvi
Gen yon marabou tete polo
Kap brase sentil kou rèn kongo
Anba yon kout tanbou yanvalou
Se wololoy sèvitè wete chapo
Pou salouwe bèl marabou
Wouch se yon plezi lanjelis
Chak swa anba tonèl
Ki toujou pote lajwa nan kè ton Mannwèl.

# MADAN SARA

Avan solèy pran souri
Sou lèv lawouze sou fèy bwa
Madan sara gentan sou tèt machin
Pou l fouye dwèt nan gòjèt lavi

Yon se Kouzin Zaka gen kouraj
Ki pa janm depoze panye sou tèt
Pou pote yon lapè nan vant
Menm lè yo pap fè bon lavant

Se swe ti madan sara yo
Ki plis koule nan asyèt fiskal leta
Ki leta? yon leta san koutcha
Ki santi fatra nan twou ego

Sou tèt kamyon ton Mannwèl
Madan sara pale kou wosinyòl
Yo pètpèt pirèd ke panyòl

## NANM MADAN SARA

Plim mwen leve ak yon trip kòde
Avan kòk lamizè pran chante
Sou yon solèy desepsyon ki pral leve
Pou l vinn ekri yon pwezi dlo nan je
Madan sara k ap imilye
Anba yon bann sanfwa ni lwa
Kap deplimen yo a kout bwa
Pandan se swè yo ki plis koule
Nan asyèt fiskal leta
Anba jipon madan Kolo
Zo madan sara yo fè fimye
Anba kout zam zenglendo
Rèv ti tchovi yo antere
Yo pati pou peyi san chapo
Yo se fanm tèt mare
Ki pa kwè nan ouvè janm
Yo pa kwè se gason
K ap fè yo jwenn lò ak dyaman
Yo kwè nan pannye sou tèt

Yo ka fè lò ak lajan

Yo se fanm ki djanm

Yo bouske ak nanm

Se moun sa yo ki fanm

## FANM NAN KAY

Fanm nan kay

Se yon chay

Men yo se solèy

K ap detire lè matin

Yo se chwal dous pou dous

Pou pase pye san plenyen

Fanm deyò bay tout pòz

Men se lè w gen nan men

Fanm nan di se kina w

Pou ki plenyen

Fanm nan kay se ti kafe

K ap reveye w ak ti biswit papi

Yon bannan ak fwa di

Menm lè dèfwa ou pa gen nan men

Fanm nan kay se potomitan

Nan lakou bwat sekrè w

Mesye mete yo nan kè n

Kite yo pi prè n.

# MEDAM FÈMEN JANM NOU OUVÈ LIV NOU

Lavi a di se vre

Men medam mare tèt nou sere

Pran sann pran tann sou ban lekòl

Si nou ta vle yon Lilyann Pyè Pòl

Ouvè liv nou fèmen janm nou

Pou nou ka djanm tou

Tankou Liniz ki se yon vrè fanm tou

Si ou se yon fanm ki kwè nan ouvè liv ou

Menm lè ou son fanm ki soti dènye bout anba

Nèg pap ka wè denye bout anba w

Pou kouche w pou pen ak manba

Paske wap konn sak diyite ou

Fini lekòl al vann mache anba

Pou mwen li pa yon mal

Men fini lekòl al bay nèg drive w nan klèb

Pou fè 100 goud sou byè

Pou mwen li pa nòmal

Pito ou mete ou brav tankou Marijàn
Mare tèt ou tankou Sò Àn
Pou demare lespri w tankou Lilyàn
Retire menw bò anch ou
Paske ou se yon fanm tou
Mete nanm nan dans ou
Sa fè m lè m ap gade otèl
Gen plis vizitè sou kabann plezi l ke bibliyotèk
Moun kap vann kapòt fè plis kòb
Ke moun kap vann liv
Sou jenerasyon 2000
Medam si nou se fanm ki kwè nan ouvè liv nou
Lè yap site fanm ki gran
Tankou madam Maniga
Y ap wè nou se yon gran tou
Men si nou plis kwè nan ouvè janm nou
Lè yap site wana ki gran
San vou kache y ap wè nou se yon gran twou.

## LANMOU DANTAN

Sou epòk Ozval Diran
Menm lè rankont te konn fèt
Dèyè yon touf pengwen
Pou yon jènjan te gen marabou kreyòl
Fòk li te konn di bèl ti pawòl

Fòk li te konn ekri
Fòk li te konn resite pwezi
Fòk kichòy k ap sot sou lang li
Te konn fè lalin sansasyon dòmi
Nan zòrèy al lasous bèl tifi

Lanmou dantan te dous li te bèl
Kou men lawouze lè maten
K ap pawoze sou vant plat natirèl
Toutan solèy jalouzi pa plenyen

# CHERI MANVI TCHATCHA

Cheri mwen anvi tchatcha w

Mwen anvi manje tchaka w

Bwè saliv ou kou grenadya m

Manje w kou ti mayi ak zaboka m

Cheri mwen anvi ou ti krab

K ap taye banda nan sòs kalalou m

Ti vyann kochon ak sirik

K ap danse rara nan lalo m

Ti dou m anvi w tomtom mwen

Vale m tap glòt pa lage m

Ou met pile m kou chanmchanm

Prije tout nanm mwen

Ti kòkòt kite m peyizan

K ap fè chemen kanal ou

Banm chans abitan gwo zòtèy

K ap koupe zèb anba jaden

Ti vant plat ou

Kite m voye ou pou ou

Azò ki sou tanbou ou

# JAN L RENMEN KOKE

Li renmen lè m ap frape l nan mi
Jan m ap peze kou li
Li pran plezi nan tap
Li fou pou pòz tap tap

Li renmen l pa dèyè
Pou map redi cheve l
Gen plis filign nan kanpe
Li di bal pan kabann
Fèl vini ak yon sapatann

Li damou bèl ti bak chat
Li renmen lè m pase l yon bò
Mwen pa bezwen desann ni
Li renmen manch bourèt

Pa gen kote nou pa koke
Nou fèl nan kizin kou nan twalèt

Nou pran nan ti bis kou nan kamyonèt

Nan koridò sesa nèt

Li renmen souse tete ak glas

Li renmen ti bèf ak myèl

Li toujou vini vit

Lè la pran yon wayal Brijit.

## IM TAFYATÈ

Se nan non gran tafyatè a
Ki te fè dlo tounen tafya a
Mwen wete chapo boutèy mwen
Pou m salye tout gwògman
Ki vin bwè pou sou sou tè a

Kann senbòl tafyatè
Sous enspirasyon tout gran bivè
Kòm Desalin ak Byasou
Ki konn koule bwason jouk li jou

Nou vinn bwè pou nou siviv
Se nan boutèy paradi n ye
Kite n koule bwa kochon ak lyann bande
Asanble n se yon gildiv

Jou yon tafyaman travèse
Li pa dwe vwayaje ak tèt li klè

Reyini tout tout pitit mèt dije

Pou bay kadav la babankou

Jouk li sou epi fouye l nan tou.

## Table des matières

Achevé d'imprimer en Avril 2024
Dépôt légal : Avril 2024

Pour

Éditions Varella
17, rue du Pressoir
95400 Villiers-Le-Bel

www.ingramcontent.com/pod-product-compliance
Lightning Source LLC
LaVergne TN
LVHW050542160826
845677LV00011B/2139

*9782386170621*